BARRA ET VIALA

CONFÉRENCE

Par Camille **FABRE**.

PORTRAITS DE BARRA ET DE VIALA

HYMNE DE MÉHUL

Ami, tout nous convie à relever nos âmes.
Nous avons nos héros dont on n'avait rien dit :
Nous avons les Enfants et nous avons les Femmes,
Le Devoir qui s'éclaire et le Droit qui grandit.

C. P.

CARPENTRAS
JULES PROYET, IMPRIMEUR.

BARRA
VIALA

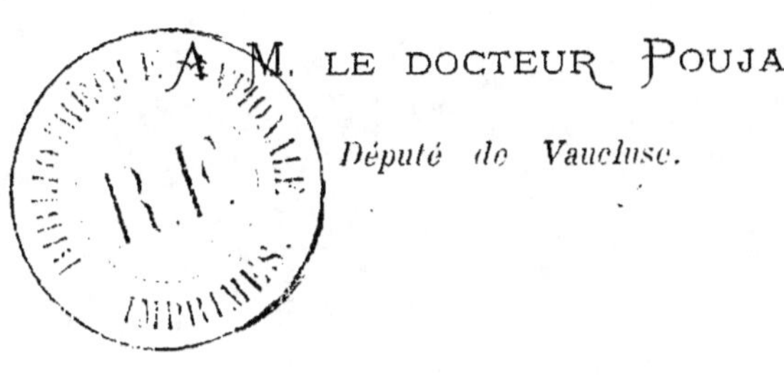

A M. LE DOCTEUR POUJADE,

Député de Vaucluse.

Mon cher Ami,

A vous cette improvisation.......

A vous qui fûtes, ici, le premier sous l'Empire, à nous faire aimer la République,

Cet écho de vos leçons, que j'ai essayé de redire devant les enfants de nos écoles.

C. F.

14 décembre 1879.

Invités à venir entendre une Conférence, des vers
et l'hymne de Méhul, en l'honneur de Barra et de
Viala, — ces enfants jumeaux de la Révolution, —
il est clair que c'est pour l'hymne que vous êtes
venus; et que je devrais vous faire grâce du reste,
si j'avais quelque esprit et le moindre désir de vous
épargner. Mais rien n'est cruel comme un confé-
rencier qui a fait son siége, je veux dire sa conférence, et, si vous m'en croyez, vous vous laisserez
faire, car toute résistance serait inutile.

« De Barra, de Viala, le sort nous fait envie! »

Vous connaissez tous, vous avez tous, à un moment, entonné ce vers de Joseph Chénier, l'illustre
auteur des paroles du *Chant du Départ*. La plupart
d'entre vous savent quel fut ce sort si enviable.
Quelques-uns, et j'ai longtemps été de ce nombre,
sur le dire du poète, l'ont peut-être envié de con-
fiance; en tous cas, il y a ici beaucoup d'enfants qui
m'écoutent et qui apprendront avec profit et non
sans de profonds tressaillements de patriotisme,
comment à leur âge, on sait mourir pour la République et la liberté.

Nous sommes en 93. Époque terrible, sublime,
douloureuse. Il n'entre ni dans mon désir, ni dans
mes moyens d'évoquer devant vous le tableau de
cette époque qui a eu déjà de grands historiens, et
sur laquelle, pourtant, il n'est pas sûr que la posté-

rité et l'histoire aient dit leur dernier mot. Mais je dois rapidement indiquer, pour servir de cadre à ce récit, les événements au milieu desquels s'accomplit la fin patriotique de nos deux jeunes héros.

Le 31 mai venait de marquer la chute des Girondins. La Convention triomphait. Jusque là, la Montagne révolutionnaire et militante n'avait eu qu'à battre en brèche le pouvoir, passé successivement des mains des royalistes aux mains des Feuillants, des Feuillants aux Girondins. La période d'offensive, d'opposition, comme nous disons aujourd'hui, faisait place pour elle à l'ère autrement difficile de gouvernement ; situation, soit dit en passant, qui, toutes proportions gardées, n'est pas sans analogie avec la situation actuelle de notre troisième République.

La Convention victorieuse allait avoir à compter, d'une part, avec les Hébertistes, c'est-à-dire avec l'abime au bout de la Révolution, et d'autre part, avec Danton, que la peur de l'abime faisait rebrousser en arrière. Vainement alors, Robespierre, — frein redoutable, — tentera d'enrayer la Révolution sur le penchant de ces deux routes également funestes : Royalistes, émigrés, Hébertistes, partisans de Danton, unis contre Robespierre, triompheront à leur tour de la Montagne et de la Révolution.

Mais nous n'en sommes qu'au 31 mai 1793.

Les Girondins, vaincus de la veille, font un effort désespéré. Leurs députés faits prisonniers, proscrits, évadés, se répandent dans les départements. Pétion, Guadet, Barbaroux sont à Caen et lèvent une armée. Bordeaux en lève une autre. La Vendée fanatique proclame Louis XVII et rassemble 60,000 hommes sous le commandement de Cathelinau. Lyon et Marseille également soulevées, cherchent à se joindre. Tous marchent contre la Convention.

En même temps, l'Angleterre fomentait l'insurrection et bloquait nos ports ; la Corse s'insurgeait et les émigrés amenaient l'étranger sur nos frontières.

La Convention triomphait sans doute, mais son

triomphe était gravement menacé par cette levée de boucliers, ce démembrement, cette contre-révolution et cette ligue.

Ce qui rendait plus critique encore sa situation, c'était son avènement récent au pouvoir. Elle n'avait eu que le temps de le saisir et elle l'avait trouvé affaibli, usé et énervé par les luttes et les assauts qu'il avait successivement subis.

Il ne lui restait que quinze départements, point de crédit et des soldats sans habits, sans pain, sans généraux.....

L'histoire n'offre pas de situations semblables.

Vous savez, néanmoins, chers concitoyens, si la Convention fut à la hauteur de ces périls et avec quel élan unique de patriotisme furieux elle parvint à les conjurer.

Les héros ne lui manquèrent pas. Il en surgit d'entre les hommes, elle eut des femmes héroïques, et jusqu'aux deux enfants sublimes dont nous fêtons, ce soir, la mémoire.

Barra, — son histoire est courte comme celle des enfants, — était né en 1780, à Falaise, de parents originaires de Palaiseau, près Versailles. A 13 ans, il s'enrôla dans les troupes républicaines de la Vendée. Au premier engagement, au combat de Chollet, après avoir fait deux vendéens prisonniers, on le vit, se jeter, intrépide et fier, dans la mêlée. Il battait du tambour. Et il allait, il allait encore, toujours de l'avant, sonnant la charge, sans se soucier de savoir si les vieux soldats auxquels il ouvrait le chemin le suivaient ou restaient en arrière. Tenez, le voyez-vous, battant le tambour, droit devant lui, héroïque et sublime, cet enfant de 13 ans ?

Bientôt les vendéens l'entourèrent. Il allait être fait prisonnier. Mais on ne prend pas un enfant de 13 ans. On calotte, si je puis parler ainsi, son orgueil. « Crie, lui dit-on : Vive le Roy ! » Et lui, cessant de battre le tambour, pour porter la cocarde tricolore à ses lèvres de répondre : Vive la République !

A l'instant, il tomba percé de vingt coups de baïonnettes. On avait compris qu'on avait affaire à un homme et on l'avait tué comme un soldat.

Ainsi tombent les héros ! Ainsi l'on meurt pour son pays, ainsi l'on entre dans la gloire et l'immortalité !

La Convention lui décreta, le 15 frimaire an II, les honneurs du Panthéon. Elle fit graver ses traits et voulut que la gravure en fut envoyée à toutes les écoles primaires de France.

Barra nourissait sa mère du produit de sa paie de soldat. Sa mort la laissait sans ressources. La Convention lui vota une pension.

Un poète, mort à vingt ans, Jacques Richard, a raconté la mort de Barra dans de beaux vers qu'on vous dira tout à l'heure et qui me dispensent d'insister davantage sur ce point. Une simple recommandation :

Si vous allez, jeunes gens, visiter le beau musée d'Avignon, vous y verrez Barra expirant. Le statuaire l'a représenté couché à terre. Il serre sur son son cœur la cocarde tricolore. Il proteste, jusque dans la mort, contre le drapeau blanc qu'il n'a pas salué, et, de ses lèvres déjà blémies, semble s'échapper toujours et frémir encore ce cri libérateur : *Vive la République !*

Non loin de Barra, dans ce même Musée d'Avignon, un autre artiste a couché à terre et mourant le jeune Viala, mort comme lui en héros, au cri de *Vive la Liberté !*

Chers Concitoyens,

J'éprouve un sentiment de fierté à vous rappeler que Viala était né à Avignon, dans notre département. Je suis heureux de trouver chez nous le modèle de patriostisme que je veux proposer en exemple aux enfants de nos écoles.

C'est, je vous l'ai dit, en cette même année de 1793 que se place la fin héroïque de Viala.

A cette époque, jeunes gens, le département de Vaucluse venait à peine d'être réuni à la France. Jusqu'au 14 septembre 1791, vous savez cela, nous avons appartenu au pape. Viala était né, comme Barra, en 1780. Mais Barra était né français, il avait sucé du lait français, il avait grandi dans l'amour de la patrie française, et l'explosion de patriotisme qui lui fait trouver la mort en la défendant, si généreuse et si ardente qu'elle soit, ne peut nous empêcher de remarquer que le patriotisme de Viala moins instinctif, voulu et réfléchi, se manisfestait avec d'autant plus de grandeur qu'Avignon et le Comtat-Venaissin n'avaient encore qu'incomplètement dépouillé leur antique papisme.

Il serait intéressant pour nous tous Vauclusiens de nous arrêter un instant, avant d'en venir à Viala, sur la situation politique de notre département au mois de juillet 1793. Mais, faute de temps, disons seulement qu'à cette date, le parti révolutionnaire, le parti français semblait avoir définitivement triomphé des papistes.

Dès 1774, sous la domination pontificale, il s'était formé à Avignon un parti français, recruté particulièrement dans le quartier populeux des Carréteries, qui avait pour objectif la réunion de l'Etat d'Avignon et du Comtat-Venaissin à la France et pour adversaire les *papistes* des Fusteries. De nos jours, cent ans après, le souvenir de cet antagonisme entre les Fusteries et les Carréteries n'est pas éteint. Toutefois, après la réunion accomplie, le parti français, seul avoué, ne s'était plus guère distingué de l'autre que par son ardente adhésion à la Révolution et à la Convention.

Aussi, dès que se produisit, après le 31 mai, la réaction contre la Montagne victorieuse et l'insurrection soulevée contre la Convention par les Girondins et les royalistes, Avignon eut à cœur d'affirmer son attachement républicain. Par l'organe de ses sections, le parti avancé renouvela le serment de *maintenir la République une et indivisible ou de mourir.* En même temps, il déléguait neuf députés pour aller à Paris, féliciter la Montagne.

La tentative faite, à ce moment, par Lyon et Marseille de se joindre pour marcher sur la Convention hâta l'organisation de la lutte à Avignon. Il s'agissait pour les Avignonais d'empêcher les Marseillais de traverser la Durance. Ils se mirent à l'œuvre avec un indicible enthousiasme.

C'est un plaisir de voir, dans les mémoires du temps, avec qu'elle puissance le souffle patriotique et l'élan révolutionnaire qui emportaient les hommes de la Convention s'étaient, comme par une subite contagion, emparés de nos compatriotes d'Avignon. Sur ces entrefaites, la nouvelle qu'Avignon, qui avec le Comtat faisaient partie, l'un du département des Bouches-du-Rhône, l'autre de la Drôme, venaient d'être érigés en un département distinct, le 87me, porta l'enthousiasme à son comble. En peu de temps, la garde nationale fut sur pied. Tous les hommes valides en faisaient partie. Armée, équipée, enflammée par le plus ardent patriotisme, elle n'attendait plus que l'heure du combat.

A côté de la garde nationale, s'agitait la garde civique des enfants. On l'appelait l'*Espérance de la patrie.* Elle était commandée par le jeune Viala.

Avertie par ces préparatifs des dispositions des Avignonais, l'armée des Marseillais qui approchait fit parvenir à Avignon le message suivant :

« Nous étions bien éloignés, citoyens, de soupçonner que nos frères d'armes de Marseille n'eussent pas chez vous l'accueil favorable qu'ils reçoivent partout.

» Nous venons cependant d'avoir avis que des factieux veulent s'opposer à l'entrée de cette troupe dans Avignon ; nous ne devons pas penser que cet avis soit sans fondement ; il est de votre devoir et du nôtre de prévenir l'injustice et les dangers d'une pareille opposition. Nous vous enjoignons, en conséquence, sous votre responsabilité, d'accueillir le bataillon marseillais qui arrivera chez vous, de lui fournir le logement et l'étape jusqu'à nouvel ordre, de prendre de suite les mesures les plus efficaces pour détruire tout projet et empêcher toute tentative qui pourrait s'opposer à l'entrée de cette troupe dans la ville d'Avignon. Vous nous rendrez compte, immédiatement et sans délai, chaque jour, par la voie de la gendarmerie, de ce que vous aurez fait en conséquence, et des événements relatifs qui pourront survenir. »

La réponse fut digne et fière ; elle se résume en ces quatre points :

1° Avignon n'a aucun ordre à recevoir de Marseille ;

2° Avignon ne reconnaît d'autre pouvoir que celui de la Convention nationale ;

3° Avignon , siége d'un nouveau département , rompt tout rapport avec Marseille ;

4° Avignon renvoie à Marseille l'épithète de *factieux.*

Il ne restait plus qu'à en venir aux mains.

Le 6 juillet, on annonça que les Marseillais campaient, à Nove, sur la rive gauche de la Durance et se disposaient à franchir la rivière. Le pont en bois de Bonpas n'existait pas encore. Le passage ne pouvait s'effectuer qu'à l'aide de bacs et de pontons.

Le 7, la petite armée Avignonaise sort de la ville avec son artillerie. Les portes se ferment derrière elle. Il ne reste que les femmes, les vieillards et les enfants. Défense leur est faite de sortir.

Cela ne fesait pas l'affaire de l'impatient bataillon : L'*Espérance de la patrie,* mais il dut se résigner. Viala son commandant, ne put s'y résoudre. Ingénieux autant que brave, il quitta ses épaulettes pour ne pas attirer les regards, se glissa dans les rangs de la garde nationale et arriva avec elle sur les bords de la Durance.

Les Marseillais étaient sur le point de la franchir. Les bacs et les pontons venaient d'être attachés. Le feu commençait.

« Il faut couper les câbles ! » crie-t-on de toutes parts. Mais les Marseillais pour protéger les câbles, redoublent leurs mousqueteries. Il y eut, sous cette mitraille, un moment d'hésitation. Personne n'osait s'avancer jusqu'aux câbles.

Alors, on vit Viala se dresser, grand comme un homme, saisir une hache, voler aux pieds de l'arbre auquel les câbles étaient attachés et frapper avec fureur. Le feu fut dirigé sur lui. Il frappait toujours. Les balles pleuvaient, il frappait encore. Le câble était solide. Il en fut pourtant venu à bout. Mais, à la cinquième décharge, une balle l'atteignit au cœur et il tomba.

« *More counten*, s'écria-t-il en tombant, *more per la liberta!* »

On dit qu'avant de tomber, pour montrer aux Marseillais le peu de cas qu'il fesait de leurs balles et de la mort, ce sublime gamin les salua d'un geste de mépris que Cambronne lui eut envié.

Mort admirable! Stoïque et goguenarde, et qui fait bien voir, qu'à l'égal de bien d'autres vertus, le patriotisme peut mettre jusque dans le cœur d'un enfant l'âme d'un héros, la philosophie d'un sage et l'ironie cruelle de l'esprit français.

Le corps de Viala fut jeté dans la Durance.

Les Avignonais, rentrés en désordre et sans lui dans Avignon, apprirent à sa mère qu'il était mort.

La mère de Viala s'abima tout à coup dans la douleur et le désespoir. Comme elle se lamentait, quelqu'un lui dit :

« — Mais vous oubliez qu'il est mort pour la patrie ? »

« — Pour la patrie, reprit-elle ? » et, rentrant en elle-même, elle sécha ses larmes..... comme eut fait une Lacédémonienne.

Mères républicaines, c'est avec de telles mères que l'on fait les Viala. C'est à vous, les véritables institutrices de l'enfance, qu'il appartient de faire des hommes et des citoyens. Si vous voulez être à la hauteur de cette haute fonction, vivez vous même dans l'amour du pays et le culte de la liberté, reniez les faux docteurs qui par de là les frontières de la France font entrevoir une autre patrie, soyez françaises jusqu'à la moëlle de vos os ; vos enfants ne

seront des hommes, des patriotes et des républicains que s'ils ont puisé dans vos entrailles et sucé
dans votre lait l'amour de la France et de la République.

La défense des Avignonais et la mort de Viala
n'empêchèrent pas, le 7 juillet, les Marseillais de
passer la Durance et d'entrer dans Avignon, mais
elles ne furent pas inutiles. Elles retardèrent leur
marche, permirent à Cartaux, général délégué par
la Convention, de les enfermer et de les assiéger
dans Avignon, et, peu de temps après, avec le se-
cours du lieutenant Bonaparte, qui bombarda la ville
du haut des forts de Villeneuve, d'y entrer en vain-
queur.

La Convention ne voulut pas que la mort de Viala
tombât dans l'oubli. Dans la séance du 18 floréal, an
II (mai 1794) elle lui décerna, comme à Barra, les
honneurs du Panthéon.

Il faut lire, citoyens, le discours que prononça Robespierre à cette occasion :

« ..... Nous célébrerons aussi tous les grands hommes, de
quelque temps et de quelque pays que ce soit, qui ont af-
franchi leur patrie du joug des tyrans, et qui ont fondé la
liberté par de sages lois. Vous ne serez point oubliés, illus-
tres martys de la République française ! Vous ne serez point
oubliés, héros morts en combattant pour elle ! Qui pourrait
oublier les héros de ma patrie ? La France leur doit sa
liberté ; l'univers leur devra la sienne : que l'univers célèbre
bientôt leur gloire en jouissant de leurs bienfaits ! Combien
de traits héroïques confondus dans la foule des grandes ac-
tions que la liberté a comme prodiguées parmi nous ! Combien de noms dignes d'être inscrits dans les fastes de
l'histoire demeurent ensevelis dans l'obscurité ! Mânes in-
connus et révérés, si vous échappez à la célébrité, vous n'é-
chapperez point à notre tendre reconnaissance !

» Qu'ils tremblent tous, les tyrans armés contre la liberté,
s'il en existe encore alors ! Qu'ils tremblent le jour où les
Français viendront sur vos tombeaux jurer de vous imiter !
Jeunes Français, entendez-vous l'immortel Barra, qui du sein
du Panthéon vous appelle à la gloire ! Venez répandre des
fleurs sur sa tombe sacrée. Barra, enfant héroïque, tu nour-
rissais ta mère, et tu mourus pour la patrie ! Barra, tu as
déjà reçu le prix de ton héroïsme : la patrie a adopté la mère ;
la patrie, étouffant les factions criminelles, va s'élever triom-

phante sur les ruines des vices et des trônes. O Barra, tu n'as pas trouvé de modèle dans l'antiquité, mais tu as trouvé parmi nous des émules de ta vertu!

» Par quelle fatalité ou par quelle ingratitude a-t-on laissé dans l'oubli un héros plus jeune encore, et digne des hommages de la postérité? Les Marseillais rebelles, rassemblés sur les bords de la Durance, se préparaient à passer cette rivière pour aller égorger les patriotes faibles et désarmés de ces malheureuses contrées ; une troupe peu nombreuse de républicains réunis de l'autre côté ne voyait d'autre ressource que de couper les câbles des pontons qui étaient au pouvoir de leurs ennemis: mais tenter une telle entreprise en présence des bataillons nombreux qui couvraient l'autre rive, et à la portée de leurs fusils, paraissait une entreprise chimérique aux plus hardis. Tout à coup un enfant de treize ans s'élance sur une hache ; il vole au bord du fleuve, et frappe le câble de toute sa force : plusieurs décharges de mousqueterie sont dirigées contre lui : il continue de frapper à coups redoublés ; enfin il est atteint d'un coup mortel ; il s'écrie: *Je meurs ; cela m'est égal, c'est pour la liberté!* Il tombe, il est mort!... Respectable enfant, que la patrie s'énorgueillisse de t'avoir donné le jour! Avec quel orgueil la Grèce et Rome auraient honoré ta mémoire, si elles avaient produit un héros tel que toi !

» Citoyens, portons en pompes ses cendres au temple de la gloire; que la République en deuil les arrose de larmes amères! Non, ne le pleurons pas ; imitons-le: vengeons-le par la ruine de tous les ennemis de notre République! »

D'autres honneurs attendaient la mémoire de Viala.

Avignon, sa ville natale, commanda son buste en marbre au sculpteur Mazetti. Les amateurs de chroniques racontent à ce propos, que Mazetti, marbrier d'Avignon, fut signalé, au cours de son travail, comme suspect et menacé d'être incarcéré. Mazetti aurait appris qu'il avait été sursis à cette mesure jusqu'à l'exécution complète du buste. A partir de ce moment, tout en feignant d'y travailler sans relâche, il ménagea si bien son jeu et son temps que le 9 thermidor arriva et fit cesser ses angoisses. Le chroniqueur auquel j'emprunte cette anecdote ajoute que depuis cette époque, *en Avignon*, d'un ouvrier *que semble que travayou et travayou pas*, on dit: C'est un Mazetti.

Enfin, le 30 messidor, une fête nationale eut lieu dans toutes les communes de France en l'honneur de notre héros.

Des discours furent prononcés, et l'hymne de Méhul que vous allez entendre fut chanté pour la première fois par « le peuple » et par la jeunesse républicaine des écoles de France.

A Avignon, trois orateurs prirent la parole. Vous me saurez gré de vous lire le discours du jeune Avid, âgé de 13 ans, camarade et lieutenant du commandant Viala.

« CITOYENS CAMARADES,

» Viala n'est plus ! ce chef intrépide, ce brave commandant, l'objet de notre amour ! Aux premiers rayons d'une aurore brillante, a passé du champ de l'honneur au temple de la gloire ! Il a reçu la mort au combat, et l'immortalité au Panthéon.

» Nos cœurs navrés ont été pénétrés d'une douleur bien juste ; mais si notre perte est grande, que sa mémoire est précieuse ! Viala a vécu peu de jours, mais ces jours ont été consacrés au salut de la patrie : ses derniers instants la virent en danger ; les satellites des rois paraissent tout à coup sur les bords de la Durance, le bateau leur en assure le passage, et le seul moyen de s'y opposer est la destruction : nos soldats frappés de la terreur qui précède cette armée criminelle, et de foudres d'airain qui dirigent la mort sur notre rive, se refusent à cet effort magnanime. La Parque inexorable s'y montre et glace leur courage !

» Agricol voit, avec la crainte, la liberté captive ; saisit la hache d'une main assurée ! le danger provoque son courage : il ne balance point entre le péril et la gloire ; Curtius généreux : « il faut, dit-il, sauver la patrie ou périr avec elle ! Et qu'importe que je périsse si elle devient esclave ! » Il se dévoue à la mort, s'élance dans le torrent, lutte contre la rapidité d'un courant impétueux. Mais, ô ciel ! au moment où la hache levée allait briser le câble fatal, au moment de l'espoir le plus doux à son cœur, celui de sauver la patrie, une main barbare lance la foudre et Viala n'est bientôt plus. Atteint d'un coup mortel, les derniers accents de sa voix expirante furent ces morts : *more counten, more per la liberta.* Je meurs content, je meurs pour la liberté,

» C'est ainsi que son âme vertueuse exprima ce noble sacrifice. A peine touchait-il son troisième lustre. Il était beau, vous l'avez vu, la mort ternit le vermeil de son teint, mais elle ne peut effacer cette mâle fierté qu'exprime une belle âme ! Ah ! Citoyens, si tous nos soldats eussent été des Viala les infâmes assassins de Marseille auraient-ils inondé du sang des patriotes notre malheureuse cité ? Et lui-même ne serait-il pas encore notre espoir ? Souvenir douloureux ne te retrace point à ma pensée, ce jeune héros fut le seul digne de siéger parmi les dieux !

» Sa mort n'arrêta point cette horde scélérate, mais elle en ralentit la marche, et ce retard fut leur défaite ; leur défaite sauva la République. La mort de Viala en fut le salut.

» Heureuse mère d'Agricol ; sèche les pleurs que la tendre nature n'a pu refuser à ton âme sensible, ton fils renaît avec tout l'appareil dont la reconnaissance nationale honore les grandes vertus ! Sois fière de ta fécondité. Elle a sauvé la France ! les soldats d'Agricol sont tes enfants, ils marcheront sur ses traces, ils vengeront sa mort. Permets, tendre mère de mon ami, que, pressé dans tes bras maternels, je t'en fasse le serment redoutable : *je le jure!*

» Et toi digne citoyen, père d'Agricol qui transmis à son âme adolescente le civisme héroïque qui l'a conduit à l'immortalité, remercie les dieux. Des regrets insulteraient sa cendre ; tu le devais à la patrie, il la servie, les dieux ont dû l'honorer.

» Avignon, cité heureuse, qui fut le berceau d'Agricol, sois glorieuse de le compter le premier de tes héros ; si des traîtres, des enfants dénaturés t'avaient couverte d'infamie, la mort, les vertus d'Agricol te couvrent d'une gloire immortelles. Il repose avec les dieux.

» Et vous, aimables enfants, espoir chéri de la patrie, soldats d'Agricol, témoins de son courage, il fut votre chef, vous pouvez vous énorgueillir et vous parer fièrement des lauriers qui ornent sa tombe : mais rappelez-vous, sans cesse, qu'il vous impose le devoir sacré de mourir, s'il le faut, de détruire les rois et sauver la République ! »

Le père de Viala était présent.

Je vous laisse à penser si son émotion fut grande et de quel légitime orgueil dût palpiter son cœur de père, devant cette grandiose manifestation de la patrie reconnaissante envers l'un de ses plus valeureux enfants, son propre enfant à lui !

Voici, du reste, en quels termes, il s'exprima :

J'ai vu ma patrie triomphante et mon fils mort pour elle, immortalisé par les représentants d'un peuple libre; aux larmes d'une douleur subite ont succédé celles de la reconnaissance. Je le savais, tout est à la République, ma vie, celles de mon épouse et de mes enfants lui appartiennent, la cause de la liberté, l'unité de la République, a déjà été scellée de notre sang. Le décret de la Convention qui arrache à la nuit du tombeau celui de mes enfants qui mourut pour elle ne nous impose-t-il pas l'obligation de l'imiter?

J'en ai fait, j'en répète le serment, au nom de mon épouse et du reste de mes enfants.

Vive la République!

L'an prochain, 1880, sera le centenaire de la naissance de Viala. Nous prenons la liberté de proposer à la *Société du sou des Écoles laïques d'Avignon* d'organiser, à cette occasion, au chef-lieu, la fête départementale du *Centenaire de Viala*. L'initiative et l'honneur lui en reviennent. Toutes les Sociétés du sou des Ecoles de Vaucluse se feront un devoir de se joindre à elle. Rarement, fête républicaine aura été plus indiquée.

La jeunesse de nos Ecoles y serait conviée, car c'est en l'abreuvant aux grandes sources de la Révolution, en l'initiant à ses immortels principes et en la façonnant à l'image et à l'exemple des Barra et des Viala que nous la rendrons capable de conserver à jamais le dépôt de la République que nous lui transmettons.

Chers concitoyens, mères de famille, enfants, que ce ne soit donc pas pour un vain plaisir que nous nous sommes réunis, ce soir, autour de la mémoire de Barra et de Viala.

Barra et Viala sont morts.

Mais la trace de leurs vertus est vivante, et il ne dépend que de vous que la terre en produise de nouveau. Pour cela, aimez, aimons bien la patrie, aimons notre France, aimons-là partout où flotte son drapeau. La patrie, c'est le foyer, c'est la famille, c'est l'héritage accumulé de tous nos biens et de nos gloires, c'est la conquête de la terre, la conquête de nos droits, c'est l'affranchissement de la conscience, le relèvement de la femme, l'indépendance du citoyen, c'est l'école où nos enfants apprendront à devenir des hommes, la patrie, c'est la République et c'est la liberté.

Aimons la patrie et servons la. A elle, à qui nous devons tout, ne marchandons rien. Notre temps, nos fortunes, nos existences, tout pour elle.

Faisons la grande, libre, forte, indivisible et respectée. Par le travail, faisons la prospère, et, par notre courage, invincible. N'oublions pas ce qu'elle a souffert, et par la fraternité, par beaucoup de fraternité, pansons ses blessures, cicatrisons ses haines, amnistions, amnistions, faisons la bonne, faisons la meilleure, faisons la aimante.

Quand nous aurons fait cela, nous l'aurons si haut placée dans l'estime du monde que nous pourrons sans remords regarder du côté de l'Alsace et de la Lorraine :

Sœurs chéries, arrachées aux entrailles de notre mère-patrie, la mère-patrie ne se console pas de vous avoir perdues! Elle vous pleurera jusqu'à l'heure prochaine où notre vaillance, non ! mieux que cela, où nos vertus et notre sagesse auront conquis au pays et à la République assez d'ascendant dans le concert des peuples d'Europe pour vous faire rentrer pacifiquement dans le giron de la Patrie française.

Carpentras. — Imprimerie Jules Proyet.

HYMNE EN L'HONNEUR DE BARRA & VIALA

Paroles de DAVRIGNY , Musique de MÉHUL

2me COUPLET

Qu'elle est douce! qu'elle est sublime!
La fin de leurs jours glorieux!
S'ils tombent sous le fer du crime
La vertu les élève aux cieux.
Ils n'ont fait qu'échanger la vie
Pour un éternel souvenir.
Et les bras ouverts, la Patrie
A reçu leur dernier soupir.
      Honneur... etc.

3me COUPLET

Autour de ces ombres sacrées,
Flottez drapeaux, sonnez clairons
Et que les couleurs révérées
De nos murs pendent en festons
Aux accents des cors et cymbales
Ouvrez - vous temple des Héros.
Et que vos portes triomphales
Reçoivent deux martyrs nouveaux
      Honneur... etc.

9 782329 466293